PROCÈS-VERBAL

DE L'INSTALLATION

DE M. SIGAUDY

EN QUALITÉ

DE PROCUREUR-GÉNÉRAL

PRÈS LA COUR D'APPEL DE BASTIA.

—

Audience solennelle du 17 novembre 1852.

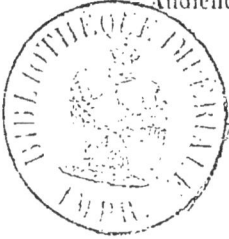

————

BASTIA

C. FABIANI, IMPRIMEUR DE LA COUR D'APPEL.

—

1852

PROCÈS-VERBAL

DE L'INSTALLATION

DE M. SIGAUDY

EN QUALITÉ

DE PROCUREUR-GÉNÉRAL.

Audience solennelle du 17 novembre 1852.

Cejourd'hui dix-sept novembre, mil huit cent cinquante deux, à onze heures du matin.

La Cour d'appel de Bastia, présidée par M. le comte Colonna d'Istria, premier président, s'est réunie au palais de justice, en assemblée générale et en robes rouges, pour procéder à l'installation de M. Sigaudy en qualité de Procureur-Général près cette même Cour.

Étaient présents aussi MM. Casale et Stefanini, présidents de chambre ; Gavini, Andrau-Moral, Poli, Levie, Morel, Gafforj, Carbuccia, Gregorj, Suzzoni, Montera, Bradi, Trolley, Valentini, Caraffa, conseillers ; Bertrand, premier avocat-général, de Casabianca, avocat-général, Ceccaldi substitut, Marinetti, greffier en chef.

Les avocats et les avoués étaient placés au barreau, et toutes les autorités invitées à la cérémonie ayant occupé les siéges qui leur avaient été réservés, la Cour s'est rendue, précédée de ses huissiers, dans la grande salle d'audience.

M. le premier président a ouvert la séance, ensuite, sur son invitation M. le président Casale, MM. les conseillers Gavini et Andrau-Moral, et M. l'avocat-général de Casabianca se sont rendus auprès de M. Sigaudy et l'ont introduit dans la salle.

A son arrivée la Cour s'est lévée et M. le Procureur-Général a pris place sur le fauteuil qui lui était destiné.

M. le premier président a donné la parole à M. Bertrand premier avocat-général, lequel, debout et couvert, a prononcé le discours suivant :

MESSIEURS,

Il y a à peine quelques mois, dans cette enceinte, en présence de la Cour et de cette réunion de fonctionnaires qui me font l'honneur de m'entendre, nous procédions en commun à une installation semblable à celle qui nous réunit aujourd'hui. Un magistrat que le vent des révolutions avait d'abord poussé vers de lointains rivages et qui en avait été ramené par l'impulsion d'un pouvoir réparateur, se présentait à vous sous les plus honorables auspices. A-près avoir défendu au delà de l'équateur les droits impérissables de la famille, de la religion, de la propriété, à la suite d'une transformation sociale et en présence de deux races ennemies dont les passions sont plus brûlantes encore que le ciel de feu sous lequel elles respirent, il était venu demander à ce pays un climat plus doux, une terre plus hospitalière et plus tranquille. A le voir si fatigué de cette vie de voyages, de vicissitudes, de luttes incessantes, imposées à son dévouement, il était facile de prévoir, qu'il ne ferait pas une longue halte parmi nous et que la volonté du Prince lui donnerait bientôt, au milieu de la magistrature continentale, la place élevée que lui avait méritée ses services. Cette juste récompense, en effet, ne s'est pas fait attendre et le récent décret qui lui en a porté la nouvelle, ne nous a pas permis de profiter davantage des hautes lumières de son esprit, et de l'extrême bienveillance de son cœur : quelque court toutefois qu'ait été son passage à travers les populations de la Corse , je ne crois pas trop dire en avançant, qu'il y a laissé des souvenirs que le temps et la distance seraient impuissants à effacer. Dans quelques instants , j'en ai l'espoir , les regrets de la compagnie et l'expression de l'estime publique , emprunteront pour arriver jusqu'à lui , un organe plus digne et surtout plus capable de lui en rendre la manifestation agréable et précieuse. Néanmoins quelle que soit l'humble position que j'occupe dans ce Parquet , je suis heureux de lui adresser ce témoignage sympathique, ces adieux profondément sentis , qu'il recevra comme un écho insuffisant et affaibli de notre affection respectueuse.

Quant à vous M. le Procureur-Général, qui avez été appelé à succéder au magistrat dont nous regrettons si vivement la perte, vous me permettrez de vous exprimer aussi les sentiments que votre nomination nous inspire. Lorsqu' un chef de Parquet est tout - à - coup transporté dans un nouveau ressort, dont il ignore les habitudes, les mœurs, les besoins, dans lequel il arrive lui-même ignoré et inconnu , il est naturel que toutes les sollicitudes s'éveillent. On se demande avec une sorte d'anxiété, s'il ne vient point dans l'intention de modifier cet en-

semble de traditions locales qu'on respecte et qu'on aime ?
On est pressé de savoir s'il ne donnera pas une direction
nouvelle à la marche des affaires, s'il n'apportera pas d'autres idées, un esprit différent dans l'administration de la
justice ; on veut connaître quelles sont les qualités du
cœur, les dons de l'intelligence qui doivent le distinguer
dans l'exercice de ses fonctions officielles, ou dans la fa-
miliarité plus douce de ses relations intimes. On s'enquiert
en un mot de ses précédents, de son caractère, de ses services, de tous les détails les plus minutieux de sa vie.

Nous n'avons pas besoin, dans la circonstance actuelle,
de satisfaire une curiosité ordinairement si légitime et de
rappeler, comme c'est l'usage, les traits principaux de votre biographie judiciaire. Depuis longtemps, vous avez
planté votre tente en Corse, vous vous y êtes créé une famille, vous y avez formé des amitiés honorables, et le pays
s'est empressé de vous accepter comme un de ses enfants
adoptifs. Que pourrai-je donc apprendre qu'il ne sache déjà
à ce public nombreux qui se presse dans cette enceinte ?
La Cour sait avec quel zèle vous avez partagé ses travaux,
avec quelle ardeur vous vous êtes associé à ses efforts, dans
l'intérêt de l'œuvre commune. Le Barreau, au milieu des
incessants débats auxquels il prend part chaque jour, a pu
apprécier la courtoise simplicité de vos manières, aussi
bien que les puissantes ressources de votre talent ; les
justiciables enfin connaissent par expérience la droitu-

re d'intention et .l'esprit d'impartialité qui vous dirigent.

Aussi, de quelque côté de l'horizon que nos regards se portent, nous voyons poindre un rayon d'espérance qui semble déjà se révéler à nous avec la presque certitude de la réalité.

Votre passé est, en effet, la meilleure justification de votre avancement et le gage le plus certain de vos futurs succès.

Après avoir franchi tous les grades antérieurs de la hiérarchie, il vous a été donné d'exercer d'avance, par de longs intérims, la fonction dont le gouvernement vient de vous accorder l'investiture et de constater aux yeux de tous, avant de l'avoir obtenue, que vous étiez digne de la remplir. Votre nomination n'a fait ainsi que consolider entre vos mains l'autorité dont vous aviez, depuis longtemps, la possession effective. Il y avait, évidemment, justice, sous ce rapport comme sous tous les autres, à réunir à la responsabilité que vous supportiez déjà, les brillants avantages du titre officiel qui vous manquait encore. Cette haute distinction accordée à un des membres de notre parquet nous honore et nous flatte, et nous y reconnaissons la bienveillance du Garde des sceaux qui a su se faire un si grand nom auprès de la magistrature française.

Vous venez, M. le Procureur-Général, de prêter serment entre les mains du Chef de l'État, et vous avez dû recueillir de sa bouche l'expression de sa sollicitude pour le pays qui est sa patrie d'origine. Même au milieu des hautes préoccupations qui l'agitent, il songe, nous en sommes instruits, à étendre à la Corse les salutaires effets de son puissant patronage. Il veut que ce sol qui est encore tout plein des souvenirs de sa famille, que cette terre féconde qui a donné le jour à son glorieux ancêtre, que ces beaux rivages où ses Compatriotes applaudissent à sa souveraineté naissante; deviennent dignes de sa protection et de la nouvelle prospérité qu'il leur destine. Déjà le dessèchement des marais, la création de canaux d'irrigation, l'établissement de routes nombreuses, l'amélioration des ports, sont les moyens civilisateurs qu'il emploie pour manifester sa puissance. Cette horde même de bandits qui, du sein de makis jusqu'alors impénétrables, jetait naguères à la société ses plus insolents défis, commence à subir de sanglantes représailles. Les plus redoutables d'entr'eux tombent tour à tour, et l'incessante terreur d'une mort semblable, empoisonne l'existence des autres malfaiteurs qui leur survivent. Les receleurs eux-mêmes s'épouvantent des légitimes rigueurs de la justice et ils retirent peu à peu aux contumax dont ils ont été l'appui, des secours que de grands dangers accompagnent. La situation s'améliore en un mot, et pour continuer cette œuvre de régénération, la magistrature est prête pour sa part à faire tous les efforts qu'un état de choses si exceptionnel lui impose. Venez donc, M. le Procureur-Général, prendre place au milieu d'elle; quel-

que graves que les circonstances puissent-être , son concours , soyez en sûr , ne vous fera jamais défaut.

Ensuite M. le premier avocat-général a requis
qu'il plaise à la Cour lui donner acte du dépôt
qu'il fait sur le bureau 1º du décret du 14 sep-
tembre dernier, qui nomme M. Sigaudy procureur-général près la Cour d'appel de Bastia en
remplacement de M. Rabou , nommé procureur-
général à Bourges.

2º Du procès verbal attestant la prestation du
serment fait par M. le procureur-général entre les
mains de son Altesse Impériale , à la date du 30
octobre dernier.

Ordonner que lecture soit faite des dits décret
et procès-verbal par M. le greffier en chef, en
prescrire le dépôt parmi les minutes de son gref-
fe , et attendu le serment prêté par M. le procureur-général, procéder selon l'usage à son installation.

La Cour, faisant droit à ces requisitions a or-
donné la lecture des décret et procès-verbal sus-
mentionnés, qui a été faite par le greffier en chef.

Ensuite M. le premier président a déclaré M. Sigaudy installé dans ses fonctions de procureur-général, et lui a adressé l'allocution suivante :

MONSIEUR LE PROCUREUR-GÉNÉRAL,

Pendant qu'en notre absence, il y a à peine quelques mois, les portes de ce sanctuaire s'ouvraient à l'honorable M. Rabou, auquel vous succédez, nous regrettions vivement de ne pas pouvoir nous associer à l'accueil si cordial qu'il recevait de nos collègues. Nos paroles n'eussent pas retenti avec autant d'éclat que celles qui répondaient si bien aux sentiments qu'il apportait parmi nous; mais nous aurions été heureux de faire connaître les précieux témoignages que nous avions recueillis sur son talent, la facilité de son commerce, l'élévation et l'énergie de son caractère. La Corse a entendu et applaudi son éloquent langage; et si sa présence et son action nous ont manqué trop tôt, le souvenir de ses aimables, de ses brillantes qualités nous sera toujours cher. Nos vœux, nos sympathies le suivront partout, et la noble Compagnie, dont il partage maintenant les importants travaux, comprendra combien nous devions être heureux de posséder un magistrat aussi distingué, combien sont vifs nos regrets d'en être séparés.

Votre nomination, Monsieur le Procureur-Général, a été une consolation à cette perte.

Vous nous appartenez depuis quatorze ans ; et après avoir eu tant d'occasions d'apprécier l'étendue de vos connaissances, la solidité de votre jugement, votre activité et votre fermeté, nous ne pouvons qu'applaudir au choix qui vous confie la direction de ce parquet, où vous avez déjà et si longtemps déployé les facultés si remarquables de votre esprit.

Les Corses, vous le savez Monsieur le Procureur-Général, sont tous voués au culte du dévouement le plus absolu au Chef de l'État. Les doctrines perverses des anarchistes n'ont jamais eu de prise sur ces populations intelligentes ; et libre de toute préoccupation politique, vous pourrez avec d'autant plus d'assurance parcourir les voies ouvertes à votre zèle par vos nouvelles fonctions, que jamais époque ne fut plus favorable à la prospérité et à la pacification de notre pays. Tout se réunit même pour rendre facile votre tâche.

L'œuvre de Dieu s'accomplit en ce moment. L'Empire, cette grande ère de gloire et de réparation sociale, est refait ; et le digne héritier du grand Empereur, l'homme providentiel qui a sauvé la France et qui marche avec ardeur aux conquêtes pacifiques de son magnifique et consolant programme de Bordeaux, trouve le sort de la Corse digne de ses hautes méditations, de sa vive et paternelle sollicitude. Il veut, nous l'avons dit, le cœur en joie, dans une récente solennité, il veut que notre pays renaisse à une vie nouvelle; qu'il jouisse du bien-être que promettent son doux climat, sa terre fertile, ses majestueuses forêts; que la sécurité règne partout, des plaines aux montagnes, dans les villes comme dans les hameaux, et que la plaie honteuse et désolante du *banditisme*, dont chaque jour emporte un lambeau, soit à jamais cicatrisée. Et pour cette partie de la grande et salutaire mission qu'il remplit, nous tous, Messieurs, nous sommes plus spécialement ses soldats, heureux de garder avec fidélité et de défendre avec courage le poste d'honneur qui nous est confié.

Le Magistrat éminent que le dévouement le mieux éprouvé, d'éclatants services et des qualités d'un ordre supérieur ont appelé dans le conseil du Prince et placé à la tête de la Magistrature, dont il apprécie et reconnaît les droits avec autant de justice que de bienveillance, est un des plus nobles fils de notre patrie, qui, par son élévation, a répandu un grand lustre sur cette Compagnie, fière de le compter au nombre de ses anciens membres. Ne doutons pas que le pouvoir dont il est investi ne vienne toujours en aide au pays, envers lequel il se montre si affectueux et où il a acquis tant de titres à la reconnaissance publique.

Vous avez encore, Monsieur le Procureur-Général, comme moyens de succès, l'activité et le courage de la force armée, la vigilance et l'honnêteté de l'administration, l'habileté de vos dignes collaborateurs, dont la promotion vivement désirée a été accueillie par une satisfaction générale, enfin et surtout, l'impassibilité et le patriotisme des magistrats qui ont déjà rendu tant de services à l'ordre et mérité l'estime et le respect des justiciables par la manière sage, impartiale et énergique dont la justice est administrée.

Au milieu de tant de motifs d'espérance et d'encouragement, recevez Monsieur le Procureur-Général, nos félicitations bien sincères de vous voir assis sur ce siége élevé, que vous êtes bien digne d'occuper, et d'où votre voix éloquente et amie va retentir dans toute la Corse qui vous connaît, vous honore et vous entoure de sa confiance.

M. Le procureur-général qui, avant cette allocution avait pris place à la tête des officiers du parquet, a lui aussi prononcé le discours suivant :

MESSIEURS,

Après l'accueil affectueux que je viens de recevoir, ma première parole ne peut être qu'une parole de remerciment.

Elle est pour vous, Monsieur le Premier Président, qui avez bien voulu apprécier avec tant d'indulgence quelques efforts consacrés à une cause qui fut et qui sera toujours la mienne.

Elle est pour vous, mon digne collaborateur ; des sentiments aussi heureusement exprimés que les vôtres ne s'oublient pas : et il est doux de penser en prenant possession de ce siége dont les plus brillantes qualités du cœur et de l'esprit ont rehaussé l'éclat, qu'une amitié solide fondée sur l'estime serait le premier lien de nos fonctions dans le cas même où la sagesse du législateur ne les aurait point rendues solidaires et indivisibles. Ces sentiments affectueux qui me touchent et me comblent de joie peuvent rendre moins laborieux et plus faciles les devoirs de ma tâche ; mais ils ne sauraient en affaiblir la responsabilité.

Parmi ces devoirs, il en est un toutefois que je nomme le premier et qui ne pèsera jamais à mon cœur : c'est celui de la reconnaissance. Ma pensée se porte tout naturellement vers le Prince qui en me confiant ces importantes fonctions dans un pays qu'il honore de sa sollicitude et où la justice a tant à faire, ne pouvait me donner un témoignage plus éclatant de son auguste bienveillance. Elle se porte vers vous, Monsieur le Garde-des-Sceaux, qui dans votre inépuisable bonté avez daigné appeler sur moi tant de faveurs.

La magistrature a conservé son inamovibilité. Quand

tout changeait et se renouvelait autour d'elle, seule, elle était immuable, et dans son immutabilité même elle n'avait d'autres liens que son honneur et sa conscience. Le Prince, qui pouvait tout, s'est arrêté devant cet heureux privilége; il a fait plus, il a agrandi son domaine.

A ces souvenirs je pourrais en ajouter d'autres. Je suis ici plus qu'ailleurs entouré des effets de sa munificence; il est de ces faveurs qui quoique personnelles se généralisent, et qui en honorant ceux qui les reçoivent augmentent l'éclat des compagnies auxquelles ils appartiennent.

La société profondément agitée, bouleversée, jouit à peine du calme qui succède à l'orage et se rassied péniblement sur ses bases ébranlées. Que la magistrature heureuse dans l'expression de sa reconnaissance s'empare résolument de la direction des esprits; qu'elle s'applique autant par ses paroles que par ses exemples à dissiper, s'il pouvait en exister encore, de funestes préventions; qu'elle se montre confiante dans la durée de nos lois...... elle ne fera rien qui ne soit dans la limite de ses attributions : et en s'associant au mouvement de l'opinion publique elle concourra à consolider notre gouvernement et à donner à la société des garanties d'ordre, de sécurité et de stabilité qui assureront sa force et sa puissance.

Il y a moins de deux mois que vos délégués traversaient la mer et se portaient sur le passage du Prince. Ils applaudissaient à l'élan patriotique des populations qui se pressaient en foule sur ses pas , et ils le saluaient Empereur. Ce cri est devenu celui de la France. Le sénat l'a recueilli. Le vote du peuple l'aura bientôt sanctionné.

Je regrette , Messieurs , de ne pas m'être trouvé auprès de vous ; alors que devançant l'opinion unanime de ce département , vous avez cru devoir par un acte public vous associer plus solennellement à une si imposante manifestation.

Ce regret ne me dispense pas de vous en exprimer un autre..... La cour qui connnaît mes relations avec ces vétérans de la magistrature que le niveau de la loi a frappés les premiers, comprend combien j'aurais été heureux dans un moment où ils nous quittent pour toujours de leur donner un dernier témoignage de mon estime et de mon affection.

Une seule pensée , et il me tardait de vous l'exprimer , pouvait tempérer l'amertume de mes regrets. Les devoirs impérieux qui me tenaient éloigné de vous et qui m'empêchaient, ainsi que j'en avais eu le projet, d'assister à la reprise de nos travaux judiciaires n'étaient point étrangers à la prospérité de ce pays. J'arrive enfin parmi vous, heureux au moins d'avoir pu les remplir.....

Le gouvernement s'enquiert avec intérêt de nos besoins ; une commission éclairée n'ayant d'autre guide que son amour du bien, étudie sous la direction habile d'un des hommes les plus éminents du conseil d'État les moyens à prendre pour les satisfaire. Nous pouvons attendre de ses généreux efforts des mesures sages et réfléchies qui en fécondant les sources du travail, en multipliant nos voies de communication, en éloignant de nos demeures et de nos propriétés ces miasmes pestilentiels qui les infectent, et en assurant à nos personnes la sécurité qui leur manque, nous permettent enfin de prendre parmi les départements de la France le rang élevé qui nous appartient déjà à tant de titres.

Au nombre des maux qui nous affligent et qui excitent tant d'intérêt et de vigilante sollicitude, il en est qui réclament tout spécialement mon attention, je ne veux ni ne dois vous en entretenir... il est de ces choses qu'on sent et qu'on ne dit pas... j'aime mieux vous parler de mes légitimes espérances.

La Corse n'est déjà plus ce qu'elle était autrefois. Elle est sortie en quelque sorte de son isolement pour prendre sa part de la vie commune. Des bâteaux à vapeur, en lui ouvrant les marchés de la France et de l'Italie, sollicitent journellement de son industrie des produits qu'ils ne doivent pas toujours attendre. Des voies et des moyens de communication rendent déjà plus faciles les progrès de la civilisation. Les lumières qui jadis éclairaient à peine les centres principaux de l'île, tendent à se répandre jusqu'aux extrémités les plus reculées. Avec les lumières, nous voyons pénétrer le sentiment du bien-être, le besoin du travail, le respect de la vie individuelle et de la propriété.

Ce dont il s'agit aujourd'hui, Messieurs, c'est donc bien moins de créer que de favoriser et de hâter ce mouvement expansif et civilisateur... Il nous est donné d'y contribuer puissamment par une justice ferme, indépendante et prompte.

Monsieur le Garde-des-Sceaux, en appelant sur ses propres concitoyens la confiance du Prince, a cru pouvoir compter pour l'accomplissement de cette importante mission sur leur patriotisme. Il espère qu'au sentiment du devoir ils sauront allier une heureuse entente des choses de ce pays : c'est vous dire assez pour rassurer vos esprits et pour conjurer de vaines alarmes. Nous ne sommes point encore arrivés à ce point que nous devions désespérer de nous mêmes !

La Corse a reconnu la voix de ses guides. Les conseils d'arrondissement et le conseil-général après eux ont, à l'unanimité, pris l'initiative des mesures que le salut public réclame.

Toutefois, je ne puis vous le dissimuler, ces mesures quelque promptes et efficaces qu'elles soient, ne nous conduiront au but, qu'autant qu'elles seront pratiquées avec suite et d'un commun accord par les autorités de ce département.

L'union fait la force. Ce mot vrai partout, au sein des familles comme des sociétés, l'est surtout parmi les hommes qui sont appelés à les diriger. Manquer d'union au sein d'un pays déjà trop divisé, c'est évidemment marcher à l'anarchie et vouloir dépenser en luttes personnelles un temps et des soins qui n'appartiennent qu'à la chose publique.

L'union sera parmi les membres du parquet. Le passé vous est un gage de l'avenir. Elle régnera, je l'espère, entre les parquets et les tribunaux. Des liens formés sous l'influence d'une même pensée et cimentés par l'amour du devoir résisteront sans peine à ces passions mesquines qu'un intérêt souvent éphémère produit et dissipe tour-à-tour.

Cette union que je recommande comme le premier des biens sera aussi la règle de ma conduite. En prenant cet engagement devant vous, je ne m'impose d'ailleurs aucun sacrifice. J'obéis, vous le savez, aux inspirations de mon cœur.

Vous connaissez maintenant, Messieurs de la Cour, mes vœux et mes légitimes espérances. Vous demanderai-je pour leur réalisation un concours que vous ne m'avez jamais refusé? Je me flatte assez pour croire qu'il m'est acquis. S'il m'est permis aujourd'hui de m'associer plus utilement aux destinées de cette île; c'est à vous que je le dois; et vous ne m'abandonnerez pas alors qu'élevé à une position que j'ambitionnais de préférence à toute autre, je viens continuer une œuvre que vous avez vous même encouragée de vos bienveillantes et affectueuses sympathies.

Messieurs les Avocats, personne mieux que vous ne connaît le fond de nos cœurs; et c'est par vous que souvent l'opinion publique nous juge et qu'elle apprécie nos actes. Le magistrat a besoin de confiance. Dans un pays comme le nôtre, il ne suffit pas toujours qu'il soit juste, il faut encore qu'on le croie; vous pouvez détruire de funestes préventions, conjurer ou dissiper beaucoup d'erreurs et préparer ainsi le triomphe de la justice.

Après ce discours la séance a été levée.

De tout quoi a été dressé le présent procès verbal qui a été signé par M. le premier président, et par le greffier en chef.